DESCRIPTION

DU TEMPLE DE LA PAIX

ÉLEVÉ

PAR LES ORDRES DU MAGISTRAT

DE LA VILLE DE LILLE,

POUR LES REJOUISSANCES

DE LA PAIX,

Qui se feront le 16. de Mars 1749.

A LILLE, Chez Jean-Baptiste Henry, Libraire-Imprimeur, entre la grande & petite Place. 1749.

DESCRIPTION
DU TEMPLE
DE LA PAIX.

ARCHITECTURE.

CEt Ouvrage préfente un Temple confacré à la Paix, comme le marque l'Infcription pofée fur la Frife. Il eft compofé de trois parties les unes fur les autres. La plus confidérable eft celle du milieu, c'eft le corps du Temple ; la feconde en eft le foubaffement, & la troifiéme le couronnement. Tout cet Edifice a foixante & douze pieds dans fa plus grande élevation.

(4)

Le corps du Temple à trente pieds de diametre fur
autant de hauteur, la corniche comprife. Il eft foûtenu
de huit colomnes de l'ordre Ionique, qui avec les impoftes
& les archivoltes forment quatre Portiques de douze pieds
de largeur fur vingt-cinq & demi de hauteur, & quatre
autres Portiques larges de fix pieds fur quinze de hauteur.
Cette partie eft terminée par une baluftrade qui regne
tout autour de la corniche.

Les colomnes, les pilaftres & la frife de l'entablement
font d'Agathe feinte; les bafes, les chapitaux, & les orné-
mens de Bronze; l'architrave, la corniche, & la baluftrade de Marbre blanc; les piedeftaux des Statuës de
verd d'Emeraude; & toutes les Statuës & Figures de
Marbre de Genes.

Le foubaffement eft de Figure circulaire & a foixante
pieds de diametre fur fix de hauteur. Il eft couronné d'une
baluftrade coupée par quatre grands efcaliers flanquez cha-
cun de deux piliers quarrez, deftinez à porter des vafes
de feu.

Toute cette partie eft feinte de Pierres ruftiques.

Le couronnement pofé fur un focle de douze pieds de
diametre, eft compofé de huit confoles, qui fupportent
un Globe coupé à l'horifon, fur lequel eft pofée la Statuë
de Mercure. A peu de diftance au-deffus on voit un Soleil
artificiel.

Toutes les piéces de cette troifiéme partie font feintes
de Marbre blanc de différentes fortes.

ORNEMENS.

LA Statuë du Dieu, chez les Romains , devoit être placée au milieu du Temple. C'eſt la place qu'on donne à la Paix dans celui-ci. On voit cette Divinité Poëtique deſcendant du Ciel aſſiſe ſur un nuage. Elle tient de la main droite un Rameau d'Olive, & au bras gauche une Corne d'Abondance. Un juſte mélange d'agrément & de majeſté lui concilie l'amour & le reſpect des Peuples.

Ce Groupe de ſculpture eſt poſé ſur un piedeſtal , dont la face principale eſt ornée d'une Inſcription à la gloire du Roi , & les trois autres faces ſont décorées de deviſes à la loüange de la Reine, de Monſeigneur , & de la Famille Royale.

De la clef des archivoltes des petits Portiques, pendent quatre Emblêmes en forme de boucliers votifs, dont les figures tirées de la Fable expriment autant d'Auguſtes qualitez du Monarque victorieux & Pacificateur. Ces qualitez ſont ſa Valeur dans la guerre, ſa Moderation dans la victoire, ſa Prudence dans le rétabliſſement de la République de Genes, & ſon Equité dans le Traité de Paix. Les Inſcriptions qui appliquent au Roi le ſujet des Emblêmes, voltigent ſur les courbes des archivoltes, d'où pendent les boucliers votifs, & s'étendent pour le ſens aux Inſcriptions particuliéres des deux devifes qui fuivent chaque Emblême & qui en font comme les branches. Ces devifes font peintes fur les piedeftaux des colomnes.

Dans le milieu de ces mêmes portiques font placées fur leurs focles quatre Figures de fculpture affifes, repréfentant dans le gout antique la Valeur, la Clémence, la Prudence & la Juftice, qui font les vertus du Roi figurées par les Emblêmes.

L'amour du Roi envers fes Peuples fait le fujet de quatre autres Emblêmes, dont les Figures prifes de la Fable expriment les principaux avantages que Sa Majefté procure à tous les Ordres de l'Etat. Ces avantages font le Commerce de Mer, les Arts & les Sciences, l'Agriculture & les douceurs de la Paix fous un Regne glorieux. Ces Emblêmes accompagnées chacune de deux devifes, font attachées fur les panneaux du foubaffement, lefquels font auffi ornez de Guirlandes de Laurier & d'Olive, avec les Armes de France.

La partie fuperieure du Temple reçoit auffi divers ornemens. Les quatre grandes faces font décorées de figures repréfentant les fruits de la Paix, qui font la Tranquillité, la Concorde, l'Abondance & la Felicité, caractérifées par leurs attributs.

La Renommée du Roi, objet principal de cette partie, eft repréfentée fous la figure de Mercure. Ce Dieu tenant fon caducé d'une main & un étendart de l'autre, femble prendre fon effor pour aller publier par tout le monde la Paix que notre Augufte Monarque vient d'accorder à l'Europe. C'eft ce qui fait le fujet d'une neuvième Emblême, dont l'Infcription voltige fur le Globe. On a peint deux devises sur l'étendart de Mercure, dont la derniere, aussi bien que tout l'ouvrage, est un témoignage public & sincere de la vive reconnoissance & du respect très-profond de la Ville de Lille envers la Personne sacrée de Sa Majesté.

INSCRIPTIONS,
EMBLEMES ET DEVISES.

La fonction de consacrer un Temple appartenoit, dans l'ancienne Rome, au Senat avec l'intervention des Tribuns du Peuple. Les noms des Magistrats étoient gravez aux frontispices des Temples qu'ils avoient dédiez. Cette dédicace étoit chez-eux une cérémonie de Religion : mais ce n'en est ici qu'une fiction.

Inscription du Frontispice.

PACI ÆTERNÆ
S. P. Q. I.

C'est-à-dire, que le Magistrat & le Peuple de la Ville de Lille ont consacré ce Temple à la Paix.

INSCRIPTION
Du Piedestal de la Paix.

LUDOVICO XV.
REGI
FORTI, SAPIENTI, BELGICO,
VICTIS
TRIPLICI PRÆLIO
HUNGARIS, BRITANNIS, BATAVIS,
ASSERTO SOCIORUM JURE,
MEDIO VICTORIÆ CURSU
PROVINCIIS SUIS PUBLICÆ
FELICITATI DONATIS,
EUROPÆ PACATORI
PARTUM ORBIS AMOREM
GRATULATUR
S. P. Q. I.

C'eſt-à-dire :

A LA GLOIRE
DE LOUIS XV.
ROI

PLEIN DE VALEUR ET DE SAGESSE,

CONQUERANT DES PAYS-BAS,

TROIS FOIS VAINQUEUR

DES HONGROIS, DES ANGLOIS, DES HOLLANDOIS,

PACIFICATEUR DE L'EUROPE,

DEFENSEUR DES DROITS DE SES ALLIEZ;

OBJET DE L'AMOUR DES PEUPLES,

POUR AVOIR PREFERÉ,

DANS LE COURS DE SES VICTOIRES,

LA FELICITÉ PUBLIQUE

A LA CONSERVATION DE SES CONQUÊTES.

Devises placées sur les trois autres faces du Piedestal de la Paix.

Première Devise.

REGINÆ RELIGIOSISSIMÆ.

La Piété de la Reine.

Figure. Un Encensoir d'où s'exhalent des Parfums.
Mot tiré de Silius Italicus, *Livre XII. ₰. 727.*
PACEM TERRIS CŒLOQUE REPONIT.
De la Terre & des Cieux j'appaise le couroux.

Seconde Devise.

SERENISSIMO DELPHINO PATRIÆ VIRTUTIS ÆMULO.

La valeur de Monseigneur.

Figure. Un jeune Lion à la suite d'un plus grand.
Mot tiré de la VIII. Epitre des Héroïnes d'Ovide.
ANIMOSUS IMAGINE PATRIS.
L'exemple de son Pere enflamme son courage.

Troisiéme Devise.

FAMILIÆ AUGUSTÆ.
La Famille Royale.

Figure. Plusieurs Fleurs de Lis dans un parterre éclairé des rayons du Soleil.
Mot : SPLENDEMUS AB UNO.
C'est d'un seul que nous vient un si brillant éclat.

Premiére Inscription & Emblême.

REGI IN BELLIS FORTISSIMO.
La valeur du Roi dans la Guerre.

Figure.

Hercules chargé des marques de ses Victoires.

Mot : EXUVIAS DECORAT VICTOR.

La main qui les enleve honore ces dépoüilles.

Premiére Devise.

VICTORIARUM IMPETU.

La rapidité des Conquêtes du Roi.

Figure. Le Soleil chassant les broüillards.

Mot : VINCIT DUM RESPICIT.

Par un de ses regards il les a dissipez.

Seconde Devise.

HOSTIBUS ULTRA FINES BATAVORUM PULSIS.

L'étenduë des Conquêtes du Roi.

Figure. Le Soleil levant offusquant les Astres.

Mot : UNI CESSERE OMNES.

A disparoître il les a tous forcez.

Seconde Inscription & Emblème.

REGI IN VICTORIA CLEMENTISSIMO.

La modération du Roi dans la Victoire.

Figure.

ENée tend les bras au jeune Laufus qu'il vient de percer dans une bataille, lui rend fes armes, & le renvoye pour être réuni après fa mort aux cendres de fes ancêtres. *Voyez le X. livre de l'Eneïde* v. 810. *& fuivans.*

Mot : TERRORI SUCCEDIT AMOR.

Il fçût fe faire craindre, il fçait fe faire aimer.

Premiére Devife.

CLEMENTIA PUGNARUM SOCIA.

La clémence du Roi dans les combats.

Figure. Un Lion fur des animaux qu'il a renverfez.
Mot tiré des Trifies d'Ovide, Livre III. *Elégie* 5.

SATIS EST PROSTRASSE.

Je les ai terraffez, c'eft affez pour ma gloire.

Seconde Devife.

CAPTIVIS PRÆCLARE HABITIS.

La bonté du Roi envers fes ennemis
aprés la Victoire.

Figure. Le Soleil qui dore de fes rayons des nuages qu'il a écartez.

Mot : ET VICTIS ADDIT HONOREM.

Il donne de l'éclat à ceux qu'il a vaincus.

Troisiéme Inscription & Emblème.

REGI GENUENSIS LIBERTATIS VINDICI PRUDENTISSIMO.

La Prudence du Roi dans le rétabliffement de la République de Genes.

Figure.

PErfée délivre Andromede : *Voyez les Métamorphofes d'Ovide, Livre IV. fable* 18.

Mot : VI ET CONSILIO.

La Prudence & la Force ont agi de concert.

Premiére Devife.

AUXILIORUM CELERITATE.

Le Roi envoye de prompts fecours à Genes *fous le commandement général de M. le Duc de* Bouflers, *Gouverneur de la Flandre & de la Ville de Lille.*

Figure. Un grand arbre foûtenant une vigne, dont quelques branches font encore pendantes.

Mot : REPARAT LABENTIS HONOREM.

Je répare fa chûte, & lui rends fa grandeur.

Seconde Devife.

PROMISSI CONSTANTIA.

La conftance du Roi à défendre fes Alliez.

Figure. Un grand Laurier auquel plufieurs arbriffeaux font attachez. *Les Poëtes difent que le Laurier n'eft jamais frappé de la foudre.*

Mot : PROTEGIT ET FULCIT.

Je les mets à l'abri des coups & des dangers.

Quatriéme Inscription & Emblème.

REGI IN COMPONENDA PACE ÆQUISSIMO.

L'équité du Roi dans le Traité de Paix.

Figure.

JUpiter dans le conseil des Dieux balance les destinées des Troïens & des Rutules. *Voyez le XII. Livre de l'Eneïde v. 725.*

Mot : ME QUOQUE FATA REGUNT.

Quelque grand que je sois, j'ai des loix à garder.

Premiére Devise.

SAPIENTIA CONCILIATRICE.

L'Europe pacifiée par la sagesse du Roi.

Figure. La Boussole tournée vers l'Etoile polaire.
Mot : EX HAC PARTE QUIES.
Je lui dois mon repos.

Seconde Devise.

JUSTITIA PRÆSIDE.

La justice du Roi dans les articles de la Paix.

Figure. Le Soleil marquant les heures sur divers cadrans.
Mot : OMNIBUS EX ÆQUO.
Par un juste partage il fait à tous la Loi.

Cinquiéme Inscription & Emblême.

REGI NAVALIS COMMERCII STUDIOSISSIMO.

Le zéle du Roi à faire refleurir le Commerce de Mer.

Figure.

NEptune fur fon char appaife d'un coup de Trident les agitations de la Mer, & favorife le Commerce. *Mot pris de l'Eneïde, Livre I. ⚹. 158.*

SIC CUNCTUS PELAGI CECIDIT FRAGOR.

C'en eft fait : de ces flots la fureur eft calmée.

Premiére Devife.

NAVIGATIONIS SECURITATE.
Le Roi affure la Navigation.

Figure. La conftellation de Caftor & de Pollux paroiffant fur une Mer encore agitée, où l'on voit des Vaiffeaux. *Mot :* CERTA SALUS.

Ne craignez plus ; les flots font appaifez.

Seconde Devife.

MERCATORUM PATROCINIO.
Le Roi facilite le Commerce.

Figure. Un Phare.
Mot : MONSTRAT ITER, TUTUMQUE FACIT.
Tout à la fois il montre , il affûre la route.

Sixiéme Inscription & Emblême.

REGI PATRONO BONARUM ARTIUM LIBERALI.

La libéralité du Roi envers les Sçavans & les Artiftes.

Figure.

Minerve fous la figure de Mentor, fait fleurir les Sçiences & les Arts utiles à la fociété. On voit autour d'elle plufieurs Genies : les uns mefurent un globe & tracent des lignes ; les autres éprouvent la force du levier & remuent des machines pour la conftruction d'un Temple.

Mot : REGNI COMMODO ET ORNAMENTO.

J'accrois de mes Sujets la Richeffe & la Gloire.

Première Devife.

ARTIUM TUTELA.

Le Roi protege les Manufactures.

Figure. Le roi des Abeilles à la tête d'un Effain.

Mot pris du V. Livre de l'Eneïde v. 640.

FACES ANIMUMQUE MINISTRAT.

Il éclaire, il anime.

Seconde Devife.

SCIENTIARUM PROGRESSU.

Le Roi envoye vers les Poles des Sçavans qui font de nouvelles découvertes.

Figure. La Toifon d'Or des Argonautes.

Mot pris de Silius Italicus, Livre XV. v. 629.

DECORA EXTREMO QUÆSITA SUB AXE.

Des climats reculez il tire auffi fa gloire.

Septiéme Inscription & Emblème.

REGI PROVIDO AGRICULTURÆ SERVATORI.

La prévoyance du Roi à favoriser la culture des Terres.

Figure.

Mars ordonne aux Thraces de changer leurs lances & leurs épées en instrumens du labourage.

Mot : NOVUM DECUS ADDIDIT ARMIS.

A vos armes, Guerriers, je donne un nouveau lustre.

Première Devise.

SPE FELICITATIS PUBLICÆ.

Le Roi ramene la félicité publique.

Figure. Une hirondelle volant sur des campagnes couvertes de neige au commencement du printems.

Mot tiré des Métamorphoses d'Ovide, livre X. fable 1.

FELIX ATTULIT OMEN.

D'un heureux avenir j'annonce les beaux jours.

Seconde Devise.

FAME SUBLEVATA.

Le Roi pourvoit à la nourriture de ses Peuples dans les tems de disette.

Figure. Un Cygne dans les airs, portant à manger à ses petits sur les bords d'un étang desséché.

Mot pris du V. Livre de l'Eneïde, v. 334.

NON ILLE OBLITUS AMORUM.

Objets de mon amour, vous l'êtes de mes soins.

C

Huitiéme Inscription & Emblème.

REGI PACE CONFECTA MAXIMO.

La gloire du Roi durant la Paix.

Figure.

A Pollon eſt ici repréſenté la tête rayonnante & aſſis ſur un globe ſemé de fleurs de Lis. Il tient ſa lyre de la main gauche, & de la droite un gouvernail dont le manche eſt orné de branches d'Olivier.

Mot : ORBIS MIRACULO ET AMORI.

Il eſt de l'univers le miracle & l'amour.

Premiére Deviſe.

VICTORIA PACIFERA.

Le Roi n'a deſiré de vaincre, que pour nous procurer la Paix.

Figure. Le Soleil diſſipant une groſſe nüée percée d'éclairs.

Mot : NON MIHI, SED VOBIS.

Mon travail eſt pour vous ; goutez en tous les fruits.

Seconde Deviſe.

PACE PROVINCIIS PRÆLATA.

Le Roi préfére à ſes Conquêtes la gloire d'avoir donné la Paix.

Figure. Le Soleil dans un Ciel ſerein.

Mot : SPLENDOR MIHI SUFFICIT UNUS.

Je me borne à la gloire & ne veux rien de plus.

Neuviéme Inscription & Emblème.

REGI PACIFICATIONIS FAMA CELEBERRIMO.

La Renommée du Roi.

Figure.

MErcure publie par tout le monde la Paix que le Roi, dans le cours de ses victoires, vient d'accorder à l'Europe.

Mot tiré des Métamorphoses d'Ovide, Livre VI. fable 3.

MAGNUM SERMONIBUS OCCUPAT ORBEM.

Dans l'un & l'autre monde on s'entretient de lui.

Les deux Devises suivantes avec leurs Inscriptions sont peintes sur l'Etendart de Mercure.

Première Inscription & Devise.

REGI VIRTUTE ET POTENTIA METUENDO.

La valeur & la Puissance du Roi.

Figure. Un Lion en son repos.

Mot : VEL SIC TIMETUR.

Quoi qu'il soit en repos, on le redoute encore.

Seconde Inscription & Devise.

REGI LOCUPLETATORI SUO,

INSULA.

La Ville de Lille reconnoît que sa splendeur vient de son attachement au Roi.

Figure. Un Lis exposé au Soleil. *Cette fleur fait seule les Armes de la Ville.*

Mot : SPLENDOR AB OBSEQUIO.

Dans mon attachement je trouve ma grandeur.

FEU
D'ARTIFICE.

I.

UN poſtillon de feu envoyé de l'endroit deſtiné ſe communiquera à une pluye, qui enveloppera le Groupe de la Paix. Un moment après une partie du Temple paroîtra tout en feu. Tout de ſuite on entendra un bruit qui imitera la Mouſqueterie & le Canon. On verra des petards & des ſerpenteaux s'élancer de toutes parts.

I I.

La Paix ſera toute éclatante des plus vives lumiéres qui rejailliront de l'intérieur du Temple & du contour des arcades des grands & petits portiques. Cette illumination prendra en un inſtant & s'étendra de même ſur toute la baluſtrade d'en-haut & ſur le ſocle qui ſoûtient le Couronnement.

(21)
I I I.
Grand nombre de fusées Royales, s'élevant tout à la
fois du circuit de la baluſtrade d'en-bas, feront au Temple une couronne brillante de feux, de pluye d'or, &
d'étoilles.

I V.
Cent fusées volantes partiront du haut du Temple par
quatre intervalles, pendant lesquels quantité de petards
& de ſerpenteaux ſe répandront dans la Place. On fera
enſuite voler de la baluſtrade d'en-bas cent fusées Ducheſſes
& d'autres moindres.

V.
Huit Girandoles poſées au-deſſus des colomnes, & huit
autres contre les angles des piedeſtaux, feront un très-bel
effet par leurs propres feux & par les piéces d'artifice
qu'elles lanceront par tout. En même tems cent fusées
volantes, diviſées par vingt, s'éleveront du haut du
Temple.

V I.
L'illumination s'étendra ſur les huit conſoles du couronnement. Les quatre fleurs de Lis des faces princi-
pales paroîtront en feu. Cet embraſement deſcendra ſur
toute la grande corniche, & ſera ſuivi d'un bruit comme
d'Artillerie. On verra en même tems voltiger quantité de
petards & de ſerpenteaux. Enſuite cent quatre-vingt fuſées s'éleveront alternativement des deux baluſtrades.

V I I.
Les lances-à-feu poſées ſur le contour de la baluſtrade
d'en-haut, feront paroître des lumiéres douces & brillan-
tes, pendant que cent fusées partiront par intervalles de
la baluſtrade d'en-bas, & cent autres de la baluſtrade
d'en-haut, avec quantité de piéces de différentes ſortes.

V I I I.

Le Globe au-deſſous de Mercure brillera d'un feu
d'étincelles. Huit pots-à-feu poſés ſur les huit caiſſes
du contour extérieur du Temple, feront jaillir des fontaines de lumiéres ſemblables à de grands jets d'eaux.
On fera enſuite partir quatre caiſſes de vingt-cinq fuſées
volantes.

I X.

On verra dans les airs les figures les plus agréables
produites par cinq cens fuſées qui s'éleveront des deux
baluſtrades alternativement, & par parties de vingt à la
fois.

X.

Vingt Soleils tournans poſés à différens endroits arrê-
teront les yeux des Spectateurs. Le feu ſe communiquera
enſuite au Soleil fixe placé au-deſſus de la Statuë de Mercure. Cet Aſtre artificiel repréſentera par divers feux &
ſucceſſivement les lumiéres du Soleil naturel à ſon lever,
à ſon midi & à ſon coucher, & lancera de part & d'autre
quantité de petards & de ſerpentaux. Cent cinquante
fuſées ſortiront tout à la fois du couronnement, d'où on
entendra un grand bruit d'eſcopeterie qui annoncera la
fin de l'Artifice. Le Temple néanmoins reſtera encore
illuminé pendant quelques heures.

ON fera couler à l'Hôtel de Ville deux fontaines de
Vin pour le Peuple. La joye publique s'étendra
juſques dans les lieux, où la miſere ſe retire. Les Mi-
niſtres particuliers de la Pauvreté des Paroiſſes y feront
aux Pauvres des diſtributions de Pains & de Viandes,
par les ordres du Magiſtrat.

F I N.